从容做自己

杜淳

杜淳 著

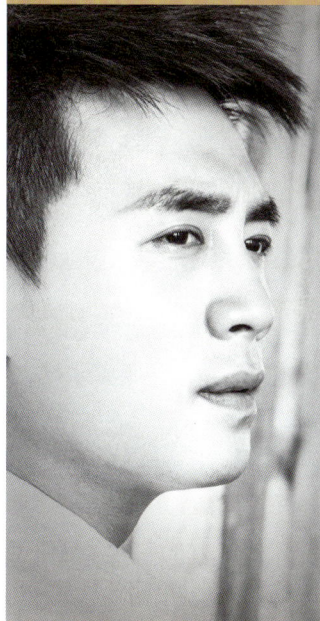

人民东方出版传媒
东方出版社

图书在版编目（CIP）数据

杜淳：从容做自己 / 杜淳 著. —北京：东方出版社，2014.5
ISBN 978-7-5060-4955-9

Ⅰ.①杜…　Ⅱ.①杜…　Ⅲ.①杜淳—自传　Ⅳ.①K825.78

中国版本图书馆CIP数据核字（2014）第113008号

杜淳：从容做自己
（DUCHUN: CONGRONG ZUO ZIJI）

作　　者：杜　淳
策 划 人：刘雯娜
责任编辑：郝　苗
摄　　影：尤奕 新奕映像摄影机构
出　　版：东方出版社
发　　行：人民东方出版传媒有限公司
地　　址：北京市东城区朝阳门内大街166号
邮政编码：100706
印　　刷：鸿博昊天科技有限公司
版　　次：2015年2月第1版
印　　次：2015年3月第2次印刷
印　　数：12 001—15 000册
开　　本：787毫米×1092毫米　1/16
印　　张：11.5
字　　数：218千字
书　　号：ISBN 978-7-5060-4955-9
定　　价：48.00元
发行电话：（010）64258117　　64258115　　64258112

李晨

杜淳是我最好的朋友之一，他是一个特别仗义的人，重情重义。每次兄弟出现任何事情，或者朋友出现什么危机的时候，他都会一马当先，冲在最前面。不管是对待他的感情还是工作，他都特别地尽职尽责。

不论是平素里偶遇，还是工作中合作，杜淳给我的感觉一直是非常从容、坚定，态度悠然但却沉稳执著，有一种浑然天成的优雅和魅力。宽厚稳重，却又不失风趣幽默，是一个让朋友很有安全感的人。

Angelababy

杜淳身上独有的憨厚、淳朴气质让他饰演忠犬、痴情男非常合适，也因此令观众非常喜欢，这就是演员最需要的"观众缘"；但他又是一个有魔力的演员，放在不同的容器里，他会变幻出不同的气质，流畅、扎实的表演，给人一种踏实感，会让你觉得什么角色交给他，他都能出色地完成，这就是演员的一种境界，是老演员但又随时会给你带来新鲜感。

于正

杜淳绝对是个特重义气的人，经常为朋友排忧解难，在朋友眼里是"神"一样的存在。

马苏

具有男人魅力，稳健、沉静，他身上一些很独特的东西是很吸引人的。

冯绍峰

他是一个靠谱的安静的美男子，想更了解他就一定要打开这本书。

杨幂

认识杜淳已经近十年了，我开玩笑地说是看着他长大的，他性格比较偏内向（也可以说是闷骚，哈哈），他很聪明，很执著，靠着一部一部的作品让这么多的人喜欢上他，真的很为他开心，不过，有一句话要叮嘱：这么红这么忙，还是要记得多请我吃饭啊。

谢娜

我是好男人的代表，杜淳就是"坏男人"的代名词。他时不时地散发自己的魅力，眯眯笑放个电，偶尔再秀个胸大肌，以前是在朋友圈里低调晒，这次是大方无保留。女生们小心了，别深陷其中不可自拔，记住"珍惜生命，远离杜淳"，当然，要走近我这种好男人。

陈赫

杜淳外表大男人，内心大男孩，特可爱，有时候看着傻乎乎的，但其实他特别聪明，什么事情都懂，是个百事通，大家有什么事儿都问他。

佟丽娅

陈思诚

不了解他的人，可能会认为他高冷，不易接近，但懂他的人知道他其实内心很简单，是一眼就能看到心里去的那种男人，也是让我们朋友值得信赖的兄弟：仗义、爽快，随时为朋友出头。

序

　　杜淳素来随性，爱自由，不喜欢束缚，虽然他穿正装帅气有型，他却更爱把普通的 T 恤和牛仔穿出随意别致的调调。用我们时尚圈的话来说，他就是有这样 Easy Chic 的轻松好品位。

　　他从不掩饰自己，也不推销自己，但你能感觉到作为演员他的自信和专业，只要镜头捕捉到他，他便立刻光芒四射。不说话时，令人觉得深沉，一笑起来又特别灿烂，有感染力。

　　如果用"阳光"这样的词来形容杜淳，还是有点单薄。他追求品质，不仅天生聪明，更难得的是特别勤勉，从拍电视剧、电影，到制作电视剧，现在又跨界出书，他从未放弃以别人追不上的速度持续奔跑。

　　在这个大多数人都在追逐成功和利益的时代，他从未迷失方向。在我眼中，他是一个外表俊朗、内心丰富的阳光大男孩，而且随着岁月的磨砺，更加从容，由内而外更有魅力。

苏芒

CONTENTS
目 录

我们这代人身上多多少少背负了一些父母的愿望，要替他们完成一些他们没有完成的梦想，走一段他们给选择的道路。

Chapter 1

期许

小小的愿望
背负舞蹈的梦想

小小的
愿望

我出生在一个文艺家庭，最初父亲是话剧演员，母亲是舞蹈演员，我们住在文工团的家属大院。记得小时候院儿里的男孩子们都喜欢玩枪，我不喜欢打打杀杀，对刀和枪之类的武器完全不感兴趣，就喜欢动画片《机器猫》和《一休哥》，也喜欢蹲在院子里自己刨土。

我爸看我刨土那么脏，就拎着我去洗澡。洗澡要到外面的澡堂，男澡堂是老大爷在看门售票，我心里有了一个小小的愿望，我和我爸说："等我长大了也去卖澡票。"他问我为什么，我说："看门大爷权力特别大，让你进你就能进，不让你进你就不能进。"这是我曾经说出来的唯一的愿望。当然，到现在这个愿望也没有实现。

我妈经常说我小时候比较乖，但我心里清楚，自己其实经常调皮捣蛋，只是家长不知道。那会儿我家离学校还比较近，为了多玩会儿，放学后，我经常和几个男生故意绕远道儿，一路玩儿，结果到时间回不了家，父母特别着急，几次出来找我。我赶紧撒谎，老师临时加了一节自习课。也有因为没完成作业被老师轰出去在操场上罚站的经历，回家当然也不敢说，其实已经被罚站三天了。庆幸的是我爸从来不打我，也不骂我。

背负舞蹈的
梦想

据我爸说，当初让我学跳舞是因为我小时候背书包背得有点驼背，总是站不直。其实真正的原因是，我妈一直梦想要到北京最专业的艺术院校学习舞蹈，但是自己没有机会了，所以她把梦想放到了我的身上。

八零后身上多多少少都背负了一些父母的愿望，要替父母完成一些他们没有完成的梦想。八岁时，在老妈的逼迫加威胁下，我开始学习舞蹈。我妈自己当老师教我，她管教我特别严格，让我劈叉、压腿，疼得我哇哇直叫。每天下午放学后，我家都会传来那种撕心裂肺的叫声，邻居一听就知道，杜淳在压腿了。类似这种事情在我们文工团大院儿里特别普遍，其他家的小孩儿也都这么喊，有的比我喊得还厉害。

当时从心里恨死了我妈，记得我喊的最多的一句话就是："妈，我恨你，你是世界上最讨厌、最狠心的妈。"不管我喊得多大声，她都压。我爸心软，又不爱吭声，看不下去的时候，就上邻居家串门去了，等我们练完再回来。我妈一心想让我到更好的地方发展，她觉得是为我好。练到十岁，就让我去参加考试，没想到考上了中央民族大学附中舞蹈系。从那会儿起，我正式开始了民族舞学习。

　　除了学习舞蹈，父母并没有给我太大压力。我妈
只希望我能跳个舞，到北京上舞蹈学校，有机会留在
北京，将来当舞蹈老师，或者做舞蹈男演员。这就是
我妈的梦想。

十岁的我，攥着父母给的二十块钱的饭票和五块钱的零花钱，要用这些安排好自己的吃喝拉撒睡和穿，所有的一切

Chapter 2

独立

十岁开始闯世界

"放养"的住校生

十岁开始
闯世界

我终于到北京上学了，开始住校，开始过集体生活。

我是我们班年龄最小的。每次离家时，十岁的我攥着父母给的二十块钱的饭票和五块钱的零花钱，要用这些安排好自己的吃喝拉撒睡和穿。十岁的孩子要开始理财，开始管理自己。没有人帮我，全部只能靠我自己。冬天，我们几个比水池子高不了多少的小孩儿，站在水池边儿洗衣服，水又冷，拧不动，只能把牛仔裤一边儿套在水龙头上去拧；洗袜子时，把袜子套手上在搓板上搓……我想家，经常一个人偷偷掉眼泪。

同龄的大部分孩子都还在父母身边享受着父爱和母爱，而我要一个人在北京学跳舞。舞台上的舞蹈看起来很美，但学舞蹈本身特别苦，我的肩胛骨和第一根肋骨在练舞的时候都摔折过，班上有的男生到现在还打着钢钉，都是当时摔的。当演员后，冬天下水，夏天穿棉袄，这些对普通人来说很苦的事，对我来说根本不算什么，因为小时候的经历比这要苦多了。

可能因为这段经历，相对于同年龄段的孩子来讲，我在生活上和思想上的独立性要更强一些。

"放养"的
住校生

作为住校生，我属于"放养"型的，生活相对自由一些。

刚上民族大学附中时，我还是一个特别害羞的男孩儿，不好意思和女生说话，直到做了两三年同学后才开始慢慢地敢和女生说话。那会儿刚开始哈韩，我们男生都趿拉着拖鞋，宽得可以装得下八个人的裤子挂在胯上，上身是又瘦又短的紧身衣，头上是染成黄色的富城头，打着耳洞，戴着耳钉或耳环，那会儿我们都觉得自己特别前卫、特别有范儿。

老爸有点接受不了我这个样子，他特别担心，有一次来北京看我，对我说："爸爸妈妈就你这么一个儿子，送你来这儿是让你学舞蹈的，你不应该这样。"

他态度很平和，但是我能感受到他的那种伤心。从小到现在，爸妈讲什么问题，我全知道，答应得也很好："嗯，好，行"，一转脸还那样。用老爸的话说，我是"虚心接受，屡教不改"。

那会儿我还很内向，我爸和他的朋友，唐国强、王绘春、焦晃老师一起吃饭，让我也过去，吃饭的时候，我一句话也不说，闷着头在那儿吃，吃完后我说："我吃完了，先走了。"他们善意地提醒我爸："老杜，你得好好管管儿子，严格教育，你看他现在，没有一点点上进的意思。"那时候我给长辈的印象就是颓废，不上进。

　　老爸虽失望，也很无奈，谁让我是他的儿子呢。

他们都觉得我特别闷，不会主动地去打招呼，不会主动地去和别人攀谈，根本不适合做演员。只有我自己，认为自己是有做演员的天赋和自信的。

Chapter 3

决心

下定决心
当演员

练了八年舞蹈，但是实话实说，真不喜欢跳舞。

每天的练功对我来说特别痛苦，我认为自己并不适合跳舞，只是舞蹈感觉和艺术感觉比较好，但先天条件其实并不好。舞蹈学校毕业后，我和我爸说，我想考电影学院。

我觉得走上演员的道路仿佛是命中注定。从小我就跟着我爸去拍戏，在剧组里待着。放暑假时，家里没人照顾我，他只能把我带上。他们拍戏，我一个人在他们住的宾馆里写作业，写完作业后，就去看他们拍戏，有时候剧组缺人了，还会安排我演上一两个小孩儿的角色。慢慢地，剧组生活已经成为了一种习惯，我觉得自己长大也应该朝着演员的道路去发展。

第一次考电影学院没考上，从某种程度上说，舞蹈这个圈子束缚着我的眼界和思想，因为舞蹈圈子相对比较封闭，不太和外面的人接触，不知道外面是什么样子。后来我又在中戏进修了一年，才知道原来外面的世界这么大，还有这么多是我不懂的。第二年，我终于考进了电影学院。

我确定自己完全不喜欢舞蹈演员这个职业，以至于从学校毕业后把舞蹈功底全丢了。

不可否认的是，跳舞让我受益匪浅，吃了不少苦，培养了我的毅力，对我后来做演员有很大帮助。如果不练舞蹈，很难说能不能考上电影学院，更没有现在的我，而且说不定还"罗锅"着呢。

我所理解的
演员

我爸一直不看好我学表演，因为那会儿我性格特别内向，不爱说话，和不熟悉的人在一起，一天都不说一句话。我爸和我妈偷偷交流："这孩子不行，干不了这个，别让他去了。"反倒是我妈支持我，因为她知道我跳舞是跳不出来了。

我爸带我参加朋友的宴会，碰巧和斯琴高娃老师一桌，高娃老师喜欢唱歌，让我配合跳个舞，我不跳，高娃老师和我说："做演员要学会人来疯，你这样的性格，将来怎么到现场去拍戏？"各路表演艺术家叔叔们都说："算了吧，别让孩子干这个了，你儿子不适合干这个。"他们都觉得我特别闷，不会主动去打招呼，不会主动地去和人攀谈，根本不适合做演员。

我爸很着急，找了好多人辅导我，丁志诚老师、姜武老师、焦晃老师、吕中老师，他们教了我很多东西，可惜那会儿我太年轻了，又没什么表演经验，吸收不了。

只有我认为自己是有做演员的天赋与自信的。我理解，做演员不一定非得见了人就要特别去表现自己，演员需要的是在镜头前的感觉。

我相信自己有很强的小宇宙，只是一直没有爆发出来，现在也只是释放了一点点能量而已，这种自信一直支撑着我。

我爸只是一个老老实实的演员，而且这个演员还特别不愿意求人。当演员的道路上，我不是靠老爸上来的，这一点我特别坦荡。

Chapter 4

坚持

对未来的规划

别人一夜蹿红，我走了十年

我是演员的后代，不是"星二代"

蛇年上春晚

和赵宝刚导演合作

拍戏更要靠脑力

我的第一部戏

我的
第一部戏

2005 年上映的《汉武大帝》是奠定我演艺事业的第一个作品，它是当年的开年大戏，影响力很大。客观地说，《汉武大帝》是我人生中非常重要的一部戏，因为这部戏，很多制片人认识了我，给了我更多的机会，之后我才很平顺地走上了演员的道路。

当年去试戏，是演淮南王的儿子刘迁的角色，拍完视频后我就回家了。胡玫导演和我爸以前合作过《雍正王朝》，筹备《汉武大帝》的时候也想让他饰演其中的一个角色。她问我爸："儿子现在干吗呢？"我爸说："考上电影学院了，正在上三年级呢。"胡玫导演说："你叫他过来，我看看。"

就这样，在完全没有准备的情况下过去了。粘上头套，穿上衣服，我在卫生间里照镜子，还挺美。导演不在，副导演把我带进一个小屋子里，他举着 DV，让我表演，说台词。一开始我还挺紧张的，拍了一会儿，他说："行了，回去吧。"

直到过完春节之后，接到剧组通知，胡玫导演让我减肥，照着三十斤减，我说为什么减肥，她也没告诉我演什么角色，说："拍戏么，当然要减肥。"

后来我才知道是陈宝国老师挑中了我，那会儿我还不认识他，他也不认识我。当时他们把试戏拍的那些 VCR 都放出来以后，陈宝国老师指着我说："这孩子像我，这孩子粘上头套后，眼睛的部分，眼神里出来的感觉特别像，脸型也像，我觉得这孩子行。但是一看就没怎么演过戏，戏还比较生。"最后拍板定了我去演青年时期的汉武帝。进了组后导演说："你得好好练，你脸型和宝国老师像，但你现在还有点胖，也没经验。"我开始玩儿命减肥，一个月减了三十斤。每天都不吃东西，还要跑步一个半小时，饿得双腿发抖时，我才捡块儿饼干吃，腿不抖了，立马就不敢吃了。哪天如果外出没时间练，凌晨两二点回来后，在家里还得把跑步机支卜，坚持跑步。人要能成事儿，必须得有点毅力。结果减多了，导演又让我增肥。

播出的时候，老爸偷偷地躲在家里看，担心我演不好。直到播出之前，他一直认为我是一个特别不会演戏的人。他跟我妈说："肯定是你儿子演得不好，导演觉得拿不下来角色，把你儿子的戏砍了。"他觉得胡玫导演是看他面子，让我演了也就演了，不可能演成什么样，但看完之后才第一次对我有了一个小小的肯定。

那会儿，他做了一件特别可爱的事情，自己跑出去买了套碟，把王绘春老师和唐国强老师召集到他屋子里，让人家看他儿子演的戏。自己就坐那儿美，等着别人夸他儿子。他有点开心，甚至可以说有点激动。但也没和我说什么，最多淡淡地说了一句："没想到演得还不错。"

父母每次夸我的时候，我都特别开心，因为他们不会骗我，演得臭就说演得臭，演得好就说演得好。按照我爸那个时期的要求，我能演成那样已经很完美了。

那部戏带给我很多自信，一直到今天，我都特别感谢胡玫导演和陈宝国老师给了我那次机会，还一起手把手教我。

拍戏
更要靠脑力

对我来说，拍戏有时候脑力会比体力耗费更严重，有时候要为了一个动作或者一场情绪，自己反复在脑子里思考筛选最佳方案。

饰演西门庆对我来说是一个专业上的挑战。筹备《水浒传》的时候，剧组打电话说了几个硬汉角色，让我挑选，我都不太感兴趣，我说我想演西门庆，电话那边就安静了许久，然后说："这个得讨论一下。"这事儿就上了会议，结果大家都不同意。制片人和全国电视台的领导去沟通，把反馈回来的信息给我看，没一个说我能演的。我之前演的都是正面人物，人家说，他怎么能演西门庆呢，他演出来，西门庆比武松还正直，那就坏了。

我理解的西门庆，一定是风流倜傥，不坏、不邪、不恶的人，只有这样的男人，才能真正吸引潘金莲。他对潘金莲的那种感情，一定不是简单的色相，一定是真情，真的喜欢，因为如果看《西门庆全传》的话，他是很重感情的一个人，他老婆去世的时候，西门庆真的很痛苦。所以西门庆这个人，一定不是大家所理解的奸贼、淫贼的形象。他各方面的条件，用现在的话来说，非常优秀，还是一个"富二代"，这样的一个男人，一般女人是抵挡不住的。

　　只是他的人物关系错了，他爱上了潘金莲，而潘金莲结婚了，她有武大郎。如果没有武大郎的话，没准儿西门庆和潘金莲更像一对。再看他的装束，那个时期，只有很时尚的男人，才会去配花，那是当时潮人的一种打扮。原来大家对西门庆的认识，只是更多地认识到了一个表面的，也是其他艺术作品里展现出来的一个形象。我理解的截然不同，我要的是观众很喜欢他，很可怜他，虽说这样会招来很多拍砖，但是得能达到这个效果才是成功的。

演完后，工作人员和电视台的领导看了片花儿，都说，这版西门庆比之前，有了一些可爱的真诚。电视台播完后，有一天我交停车费，收费的保安问我，你是演西门庆的吧，我都乐坏了。

和赵宝刚导演
合作

坚

持

　　在很小的时候，我就见过赵宝刚导演，老爸在他的剧组里拍戏，带我去玩儿。见到赵导，老爸对我说，这是中国最厉害的导演，那会儿我还不懂什么是导演，就看见他在现场不停地"骂人"，别人都不敢吭声。我心里想，果然是很"厉害"，就记住了他。

　　等到自己步入这个圈子之后，我就想，一定要和这位导演合作。老爸就是从他的戏里慢慢一步一步走出来的，我也希望跟他一样，和赵宝刚导演合作，对自己有一个新的提升。

　　但是直到《北京青年》才有了这个机会。看完《北京青年》的剧本后，我特别想演何北这个角色，赵宝刚导演让我考虑两天，我太喜欢这个角色了，以至于考虑了三个小时就给他打电话。我没演过这样的角色，他也有点担心，他说："你就作为一种新的尝试吧。"我想在这么好的戏里，这么好的导演的把控之下去尝试，对我来说也是机会难得的。

　　在《北京青年》里我是一个有小幻想、小聪明的伪富二代的小混混，看起来特别有钱，其实什么都没有。优点就是对待感情特别专一，只爱一个女人，从第一集到最后一集，直到结婚。他在外边大男人，回家小男人。

男人就应该这样，在外面把你的雄性荷尔蒙表现得淋漓尽致。拍戏的时候好多演员特别怵赵导，庆幸的是，到目前为止，他一句都没骂过我。

蛇年
上春晚

每年过年我们家都要看春晚，以前我也想过，自己会不会有机会登上春晚的舞台，没想到真的有了机会。

蛇年的春晚我收到了导演组的邀请。导演组希望上一年比较受欢迎的影视作品中的演员和上一年受欢迎的流行歌曲的原创者进行跨界合作，所以按着这个标准开始去选演员，他们可能在其他的场合听过我唱歌，就找到我了。导演为我和曲婉婷设计了一起演唱《我的歌声里》这首歌的形式。我也很喜欢这首歌，而且在一个活动中也唱过这首歌，觉得很有缘分。

其实这首歌很有难度的，一个人唱的话还好，如果和原唱曲婉婷在一起的话，为了保证歌曲质量就不能根据自己的声音来调节，要跟着她的调。当时唱完后，我看了她的采访，她评价我唱得不错，说对于影视演员来说，嗓音是我的优点。为了春晚，我有三四个月的时间都没有接戏，我们彩排了七次，到正式上台时我们已经非常熟悉了，提前十分钟去挂耳机、挂监听，再小声地熟悉配合一下，互相加加油，就走到各自的上台口。

等到我们一开唱，现场观众的反应特别热烈，特别直接，那种热情和我们平时演戏是不一样的，是我们影视演员平时拍戏得不到的一种享受。

这是我第一次公开唱歌表演，而且登上这样一个备受关注的舞台，说实话，又激动、又紧张。上春晚一直是我的一个梦想，没想到梦想成真了。

我是演员的后代，
不是"星二代"

刚毕业那会儿，能有戏演就特别满足。有一段时间，我和同学们天天去见组，一天见七个组，有戏就去演，根本不是别人想的那样，老爸一个电话我就能去演戏了。

如果我爸是姜文老师、张国立老师、葛优老师，那一定管用。可他不是大导演，也不是大明星，他只是杜志国，演过年羹尧，别人不会因为他演过年羹尧就给他儿子一个男一号。好多人会把我和张默、谢霆锋、房祖名放一起比较，我直喊冤："这差得也太远了吧？"很早之前，接受采访时我就说："我爹又不是成龙，拿我和房祖名比，那我也太吃亏了吧？"

我爸只是一个老老实实的演员，而且，这个演员还特别不愿意求人。

那时我一直想和赵宝刚导演合作。《北京青年》选角色的时候，包括我在内有好几个备选的演员，我和我爸说："你打个电话，帮我和赵导说说吧。"他和赵导关系那么好，都不打。我和赵导合作两年了，他至今都没打过这个电话。反倒是赵导给我打电话："杜淳，我特想你爹，回头你组织一下，让你爹过来一起吃个饭。"就这样，我爸都特别不好意思。

　　让一个普通人来演一个角色，演得好或不好不会有那么多人在意他，但是如果让演员的后代来演，人家真的会在意、关注一些。如果演不好，"不行"两个字就得永远背负下去。所以必须得演好，演成功，让所有人认可，才能摘掉这个光环，自己独立去闯天下。

　　不管演哪个角色，我都会尽力演好，但不管演多好，一定会有另外一种声音出来："你怎么演得这么二啊？"你演不好，人家就说："你看，就知道你是靠着你老爹才拿的这些角色！"原来我特别在意这些，特别生气，现在就一笑而过。

　　老爸带我拍过唯一的一次戏，是一个清装戏，名叫《大清御史》，官老爷身边有两个小衙役，我和我学弟各演一个。我俩演了十五场小衙役，挣了两千块钱，还被剃了一个大光头，过了四个月头发才长好。

　　可能他们那个年代的演员，自己不能选角色，一般都是上面给任务，和现在的情况也不一样。主要还是我爸就是这种性格的人，脸皮特别薄，不爱攀别人，更不爱求人。

　　有些事情一辈子也改变不了，比如你是谁的儿子这件事。当演员的道路上，我不是靠"拼爹"上来的，这一点我特别坦荡，只是有的人很喜欢就因为我爸是演员这一点而已。

别人一夜蹿红，
我走了十年

我不是那种一夜爆红的演员，前一天还默默无闻，第二天全国人民都在"通缉"你。我已经拍了十二年的戏，从开始到现在，可以说是一步一步走的，一个台阶一个台阶爬上来的。我打的是持久战，一点一滴，一年一月，稳扎稳打，步步为营。

有多少演员是因为一部戏一夜成名、一下蹿红的，而我到现在，已经拍了十二年，三十六部，一千多集电视剧。一部一部、一集一集地拍下来，每部戏都有积累。现在有一些观众、粉丝喜欢我，也都是一部戏一部戏地积攒下来的。我承认自己事业心很重，有时候都没有时间睡觉，忙的时候每天只在车上睡两个小时。

朋友说："杜淳，你就这样走，不急不慢地走，你现在走了十几年，有一天你会发现自己走到了三十年，四十年。" 我觉得有道理，我可以不着急，慢慢走，希望七十岁的时候，还有人愿意看我的戏。

我爸说我："你小子，就是小聪明，然后命特别好。"我说："对，我承认。"我身边的前辈也和我说："你运气好，运气可不是能一直陪着你的，不是你比谁演戏好多少，就是运气好。会演戏的人太多了，如果有一天，

有人比你运气还好，你就完了。"其实，我也是这么认为的。作为一个演员，百分之七十是要靠机会、靠运气的，百分之三十是靠你自己去演。

没有那种从无名小卒到一夜爆红的经历，所以我也没有膨胀，好多人是有的，但是我越过了这一段。虽然看起来走得很辛苦，实际上却很踏实、很幸运。

身边的人也说，你那么努力，那么艰难。我一直很清楚，有很多人在帮助我。我知道做演员，运气大过于勤奋和努力，可能和好多人相比，我的运气更好一些。

我的命运已经够好了，我特别知足。

对未来的
规划

　　我喜欢不断地尝试，如果一直演一种类型的戏或者角色，没两天我就会感到枯燥了。压力会激发一个人的创造力，所以我一直没有按一个方向或者一条路走。这也造就了我没有固定的格式，什么戏都能接的特点。

　　去年开始，我觉得应该规划一下了，哪条路适合自己，以后应该专攻哪条路。将来还是会选择一些能够让观众喜欢的、迷恋的、能当成偶像去效仿的完美男性的角色。这种角色不仅接地气，而且特别励志。

　　原来对自己特别没有要求，也不会去进行自我管理。不知从什么时候开始，突然觉得男演员的生涯特别短，后来的人追得这么紧，前面的又一直往前赶，自己开始有一些压力、有紧迫感。我告诫自己，不能太松懈，不能那么随遇而安，要想走得更高更远的话，还是需要对自己有点要求的。

　　以前拍戏我连妆都不化，洗洗脸，梳梳头就上场了，自从演了一两个偶像剧之后，开始变得注意自己的形象。我也坚持每天锻炼、塑形。现在我饰演的这个角色是练武术的，我得有个练武术的样吧，最起码让别人看到这个形象，相信他是练武术出身的。比如一百五十斤的人，不是减到一百二十斤就可以了，而是需要塑形。减肥容易，塑形难。塑形是一门科学，

而且是非常需要毅力的一件事情。没有三年的时间，出不了效果，没有哪个人会特别快。我现在刚刚练了一年，再给自己 年的时间，希望一年后能达到满意的效果。

除了做演员，我也尝试着做一些幕后工作，导演不是谁都能干得了的，我就做监制、做制片，自己做戏，为以后真正做幕后做一些沉淀和积累。

要想上一个台阶，各方面都必须对自己有所要求，我完全要靠强大的意志支撑着自己。

对家人、爱人、朋友都要有付出的精神。

家庭、感情、亲情显然更重要一些，因为事业你做得再高，早晚有从那个位置走下来的一天，到那个时候，最能给你关怀的一定是你的亲人。

内
敛

父子
情深

　　我爸和他的朋友在一起时话特别多，我和我的朋友在一块儿也是，一到我们俩坐一块儿时，就都不吭声了。我和我爸都是心中有感情，不会去表达的那种人。我们之间的交流特别少，比如吃完晚饭，都坐在家里看电视，直到睡觉，对话超不过三句。

　　我们甚至要通过中间的朋友传话。我跟朋友说："我爸喝酒的话你千万别让他开车。"或者担心我爸了就会问我的朋友："最近我爸身体怎么样？"如果我直接打给我爸的时候，又说不出来。晚上拍完戏，我喜欢和朋友一起出去喝点酒，聊聊天，老爸叮嘱我朋友："你得说说杜淳，不能总让他这样，要让他以拍戏为主。"我爸想告诉我，你们晚上早点休息，少喝酒，这样的话对别人来说很平常，但他真的说不出来，但又很着急，他就给我朋友打电话："你们这些小孩儿，不好好拍戏，天天喝酒，干什么呢？"他就是这样一种表达方式。

　　在一起吃饭时，他第一道菜总会给我点我爱吃的松鼠鳜鱼，我们还是什么都不说，上菜了就开始吃。这就是我们两个男人的交流，不会说得很明白，完完全全是一种心里的交流。

老爸现在年龄也大了，我能感到他需要儿子，儿子对他意义非比寻常。每次参加节目，只要说起儿子就泪眼婆娑的。

经常不在一起，其实我也很挂念他，年龄、岁月的沉淀让我明白了很多。过父亲节，我去找他吃饭，拿起酒杯，我对他说："父亲节快乐！"他都会很感动，眼泪在眼睛里打转。这种在别的父子看来再正常不过的话，在我父亲看来是我所能表达出来的最深厚的感情。

以前他是为我活着的，拼命拍戏，赚钱养我，给我交学费，后来又是考虑拍戏能不能和我在一起。最近他接戏也不是那么频繁了，以前他哪敢啊！他和朋友说，看到我现在的状态，真的是心里的一块石头落地了，接下来的人生可以做一些自己想做的事情了。他现在终于到了可以真正实现自己梦想的时候了，虽然这一天来得比较晚。

阿丽
和我

我管我妈叫阿丽，手机里存的她的名字也是阿丽，不是妈或妈妈。只有正式的场合才叫妈。我妈特别有童心，在家经常开玩笑，我属鸡，以前还管我叫小公鸡。

她不喜欢出现在镜头面前，可能因为习惯了家里的生活，每次有栏目组想采访她一下，她都不接受，充其量只接受电话采访。所以给人的印象就是我和我爸特别好。

我们之间每天都会发生"战争"，她总是教育我。但是我的性子急，说话也很直，总是惹她伤心。我犯错误很快，道歉也很快。惹她生气了，就赶快去哄她，坐到她身边真诚地道歉："阿丽，对不起啊。"一看我这么真诚，她就很开心。

现在我们见面特别少，我工作太忙，没时间陪她，她也喜欢和她的朋友们在一起。

她喜欢上网，刷微博，关注我的动态，任何一点小花边新闻都能捞着，我都不知道从哪儿冒出来的。她刷微博，经常刷到一两点，我都睡了，她还没睡。有时候我太累了,一句话也不想说,她和我唠叨微博的事,我特别烦,只能求她放我睡觉。我骗她:"我要开始拍戏了。"挂了电话倒头就睡。不过还是挺理解她的,我认识的年轻演员的父母都这样。

我经常给她打电话,哪怕简单地问问,家里有没有事儿,吃什么饭啦?我妈原本是事业型的,好强,最初放弃舞台也是因为我。她出去走穴,我爸出去拍戏,家里没人管我。为了能在家里安心照顾我,她毅然决然地放弃了自己的舞台生涯,做起了舞蹈老师,教小孩子跳舞。

我妈喜欢我演英雄,她认为男人要有事业,我应该先立业后成家,所以她现在也不管我个人的事。

她说,你所有的事情,你自己来做决定。

爱情
都在心里

我是一个外表极其冷酷，内心极其狂热的人。感情中我也说不出来生生世世、星星月亮那样的誓言。

但是，只要我和对方在一起，就会为对方付出很多。我觉得我做的要比说的好，只要我能想到的，我都会去做，哪怕是很小的事情。但一般人认为比较浪漫的送花这种事，我想不出来，完全在我的概念以外。我对你好的话，我会想把所有的一切都给你。

其实，我对女朋友没有特别的标准，唯一的标准就是，在一起时我不会累。我工作上压力比较大，所以希望从踏出家门去工作的那一刻起，就能随时随地充满了工作的激情，当我停止工作，回到自己空间的时候，能够有一个特别轻松、愉悦的心情，过得特别安静，甚至于特别平淡，但这种平淡和安静是幸福的。

以前天天想着往外跑，觉得外面的世界特别精彩，家里的生活特别单调。最近突然觉得还是安稳一点比较好，总是想回家待着，拍完戏，做完活动后就回家。

家对一个人来说特别重要，我比原来更喜欢在家待着了。不工作的时候，早上起来去健身房，回来吃东西，看片子，如果和朋友有约，就和朋友在一起，没有约，就单纯地待在家里。工作的时候，节奏特别快，特别辛苦，休息时就让自己放慢一点，简单一点，该休息的时候就纯粹地休息下来。

我承认自己不是一个浪漫的人，或许浪漫是性格问题，我却没有制造浪漫最起码的体力和时间。我们做演员的，大部分时候，工作都比较辛苦，每天工作结束后就只想休息睡觉了，哪有精力制造浪漫？ 一年拍几部戏，

连见面的机会都很少，你不来探班，我都回不去。所以跟演员在一起，可能特别乏味，特别无聊。不工作的时候还好，一旦一部戏开始了，基本都是一走几个月。这也是一个特别现实的问题。

我想大部分女人还是愿意过安定生活的，她不需要你多出名，但是得能踏实过日子，最好是能天天见面，天天回家。总是相隔两地，谁也看不见谁，她不知道你在干什么，你也不知道她在干什么，互相都受不了。最终能够坚持下来过这种聚少离多的生活的人，其实并不多，但我相信一定会有这样的一个人。

能帮到朋友
是我的价值

我性格随和，做事随性，说话直接，所以朋友特别多，自认为生活中的自己要比荧屏上更有魅力，因为我和什么样的人都能交朋友，比如两个死掐的人，互相谁都看不上谁，却都愿意和我做朋友。可能大家都比较相信我吧，有什么事儿，不管是工作上的，还是生活中的，都会来问我，我也能耐心地回答。能帮到朋友，我觉得这也是我存在的一种价值。

朋友之间就是要付出一些，朋友遇到问题、遇到困难的时候，该帮助的，一定要出手。就算大家劝我不应该这样做，我还是会站出来。我从来不顾及自己，如果朋友有难的时候不能挺身而出，我都会看不起自己。有难的时候不帮人家，人家好的时候天天找人家，那真的只是酒肉之交了，我反正不能这么做事。

交朋友，大多靠感觉，靠气场，看我们在不在一个"频道"上。我希望自己能做一个特别有凝聚力的人，能够把一些根本不可能在一起的人凝聚到一起。我很享受朋友们捆在一起做事的感觉。我不想从对方身上得到什么，可能我过得比较安稳，不想那么较劲儿。一起做事，想着怎么能把事情做好了，我也不怕别人拿得多，多点少点都没关系，该是你的还是你的。

比我小的哥们儿，如果有合适的机会，一概都会推荐，但前提是一定要适合，也不能盲目地推荐。

最近看了一段话：你可以是一个特别细致的人，也可以是一个特别"大条"的人，这都没关系，就怕该细致的时候你"大条"，该"大条"的时候，你细致，本来可以一笑而过的事儿，你每天较劲儿，这就让别人腻歪了。

好多朋友对我的总结就是：仗义、不纠结、不矫情。人是知道感恩的物种，我们是，对方也是，不能吝惜自己的付出。

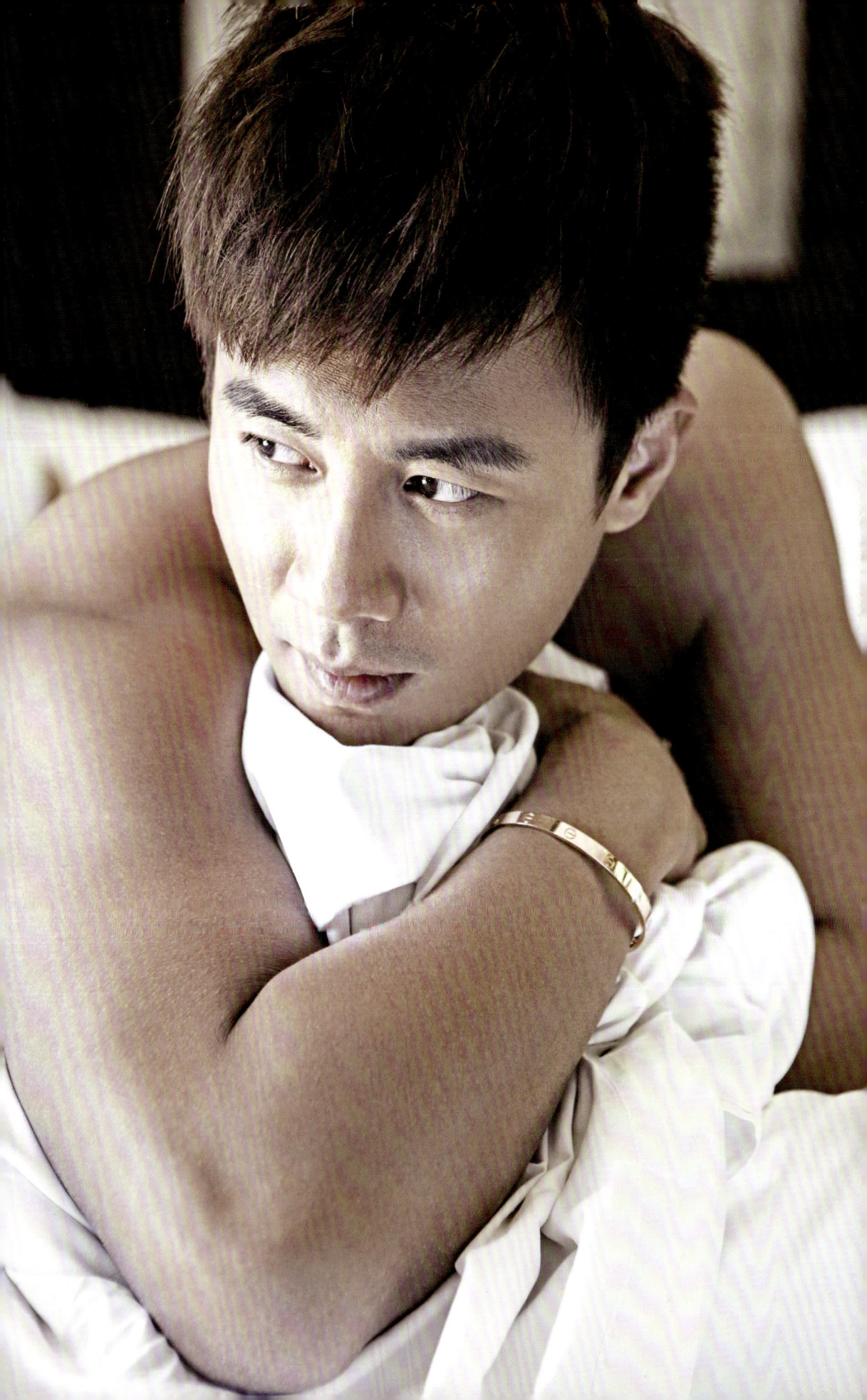

伴郎
专业户

我做过七次伴郎，有朋友们调侃我是"伴郎专业户"。

关于伴郎有各种传言，有人说"集齐七次伴郎就可以唤来自己的新娘"，也有人说，"伴郎做多了结不了婚"，我从来都不相信这些，所以对这些说法也丝毫不放在心上。我一直都认为，什么样的人都会找到你喜欢的人或者喜欢你的人。

好朋友结婚都要没结婚的朋友做伴郎，只要有朋友需要，我就会去，我替他们高兴。参加朋友的婚礼，有时候更像是一次旅行，肆无忌惮地玩儿，甚至忘记了自己原本的目的是来参加婚礼，那种放松的状态就像回到了当年上学的时候。我特别喜欢这种好多朋友在一起的感觉。太开心了。

在婚礼那样一种特殊的场合，每个人都很容易有一种期待吧，但我还是喜欢自己现在能说走就走，想去哪儿就去哪儿的生活。我知道很多人祝福我，只能让大家再等等吧。

希望
能帮到更多的人

我希望自己身上能充满阳光，最好这些阳光还能照亮别人。所以，我愿意去尽可能地帮助别人，我觉得这是上天恩赐给我的机会。

蛇年春晚上我穿的红色西服受到大家的好评，其实它不是什么大牌，而是一个最普通的裁缝做的。我妈经常找裁缝修改衣服，所以认识了这么一个男孩。他原来在一个大的服装厂做工人，剪裁和做衣服都特别好，后来因为一次事故，把脸和头都给烧坏了，因为形象，没有人愿意再录用他了。他只能自己出来干，在我们家对面的居民楼里租了一个特别小的房子，自己做衣服。他说，他想做衣服挣钱，然后去韩国整容，希望能变回原来的样子。春晚之后，因为我的那身衣服，好多朋友知道了他，电视台的一些栏目也去找他。以前他自己一个人做事，现在还租了一个更大点的地方，请了几个工人。我觉得能帮到一个人，虽然没有做太大的事，也还是蛮有意义的。

我每年都要去孤儿院看那些孩子。面对面地看着他们，他们年龄都还特别小，还很天真、很开心地在玩儿，并不知道自己是孤儿。老师对他们的照顾也特别细心，吃的东西也都是自己种的，年龄大一点的孩子就会去干活，帮着种菜，做饭，是一个很温暖的大家庭。感觉他们住在那里还挺开心的。但我不喜欢宣传，因为公益的东西，努力去做就好了，没必要宣传，一宣传反而就有点变味儿了。我妈也老催我："你今年是不是还没给孤儿院打钱呢，你别忘了。"我说："放心吧，忘不了。"

以前做公益的时候，会带着我的粉丝一起去，后来有一次地震，他们都自发地弄了几辆卡车去赈灾，都不需要我去号召。

一个人的力量毕竟是有限的，希望以后能通过自己的力量发动社会上的爱心人士，去做一些实质性的事情，帮到更多的人。

生命中很多事情是无法预料的，不是自己能够控制得了的，有的『劫』可能也是无法躲过的，既然来了，就面对吧。

Chapter 6

幸福

男人需要沉淀后的魅力

成为经得起时间检验的人

享受工作和生活，我很幸福

男人需要
沉淀后的魅力

作为一个男人，真的不希望只用"帅"这个词来形容。男人需要一种沉淀过后的魅力，只有经过沉淀才能算真正的男人。

做男人的本分，就是要强大。一个男人，只是性格好，对女人好，在现在社会是远远不够的。社会不需要这样的男人，我觉得女人也不需要，她需要一个强大的后盾，在背后站着，能够为她挡住一切事情。

现在在家，一些小事，爸妈从来不找我，他们都给屏蔽掉了，怕打扰我，但是当真正需要依靠的时候，他们会想起我来。当我有能力照顾身边的这些人了，身上的责任感反而会更强烈，想让自己变得更强大，可以让家庭来依靠。

当然生命中很多事情是无法预料的，不是自己能够控制得了的，有的"劫"可能也是无法躲过的，既然来了，就面对吧。以前也没有想过这些，但是出来以后，遇到了更多的事儿，接触了更高层面的人，视野也更开阔了，能力也有一些增长，不由得有了这样的想法。

男人的这种强大，不是要多有名儿，而是需要从各个方面去完善，应该是一辈子的事情，我还要一点一点地去努力。

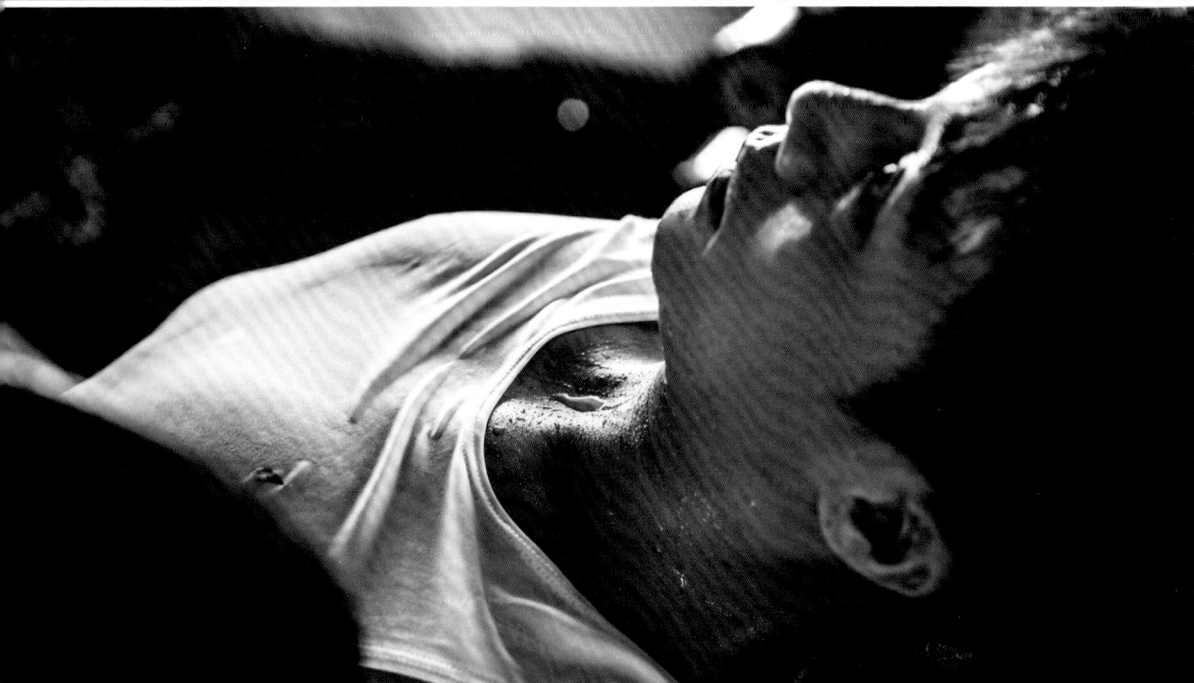

成为
经得起时间检验的人

现在是一个明星快餐化消费的时代，一个明星出来红一段时间就再见了，接着上另一个。这是一个社会现象，靠个人的力量人难改变了。

演艺界中有好多前辈，可以说他们走到任何一个角落都无人不知，无人不晓。我还没有出生时，他们已经在这个圈子里打拼，他们演戏的时间可能比我到这个世界的时间都长。他们看着娱乐圈的变化，从原来的那个模式转换到现在这样。他们已经不是一个简简单单的明星，他们已然成为了一种标杆，一种符号。

成功的人，首先是做人方面的成功。像我们老板，现在谈事儿，都请人到自己家里吃饭，特别实在，特别低调。我跟着我们老板见过刘德华一次，确实和传闻一样，人特别好，那么大的腕儿，真不把自己当回事儿。像姜文老师，不接受任何采访，不领任何奖项，不参加任何商业活动。他们能做到这样，必须是达到了一定境界，但是真的很不容易做到。

我也希望特别简单地生活，大家愿意看我的戏，关注我荧幕上的东西，生活中踏实低调，精彩都在作品里。好多前辈他们已经沉淀到那样一个高度，那个自信，不是谁都能够做到的。不会因为谁说了一句什么话，或者一些

什么小事，动摇自己，或者把自己击垮。真正地做到风轻云淡，一笑而过。我确实景仰、佩服他们。

如果问我想成为什么样的人，我想成为他们那样能经得起时间检验的人。

享受工作和生活，
我很幸福

我对幸福的理解是：工作时全身心投入，充满激情，并且把这种激情传递给周围的人；在生活中则能安静、放松，内心平静，思绪天马行空。

现在演戏的生活当然很辛苦劳累，有时候我对自己说，趁现在还有机会累，累到极致，说不准过几年你想累，反倒没人让你累了。到时候你想飞这儿，你想去那儿，可没人需要你。还不如趁现在享受一下这种辛苦的感觉。到该你休息的时候，再好好休息。

双子座的特性在我身上特别明显，喜欢自由，有时候要放肆一卜，连自己都觉得自己很幼稚。以前说过的话就觉得好像不是从自己嘴里说出来的，情绪变化特别快，但这种天性特别适合做艺术。

演员的生活可能比较适合我，如果不是成为演员，可能我还在见着同样的人，做着同样的事儿，重复着同样的生活。

但是现在，我能在一个地方待一段时间，认识一帮朋友，换一部戏，换一个环境，再认识一些新的朋友，一整年都在新鲜感中度过。

154

我很享受现在的生活。我觉得自己选择的这条路是对的。

我要把思念和担忧留给我自己，让勇敢和

坚强向你走来。

后记

来自父亲的家书
母亲的嘱咐

来自父亲的
家书

儿子：

    这是爸爸第一次提笔给你写信，一时间不知道该说什么好，一封信似乎太短，你带给我的幸福感不是一封信能写尽的，一封信又似乎太长，因为我们父子之间，从来没有过这种方式的交流。

    儿子，你还记得你十岁那年的那幅画吗？一个小房子外，站着一个哭泣的小男孩，那是爸爸第一次把你送到远离家乡的地方，你用那幅画告诉我们说你想家。现在我想告诉你，这世上没有一个父亲不想把自己的孩子留在身边。可是还是让我狠下心肠，我要把思念和担忧留给我自己，让勇敢和坚强向你走来，现在那个小孩儿已经长成一棵英气逼人的大树，已经可以为自己遮风挡雨。对于你的将来，如果说还有什么嘱咐，那就是愿你身体健康，岁岁平安，早日有一个自己的家，有一个人能和你在一起，分享你的成功和喜悦，更重要的是，分担你的失意和艰辛。

    最后，拍戏辛苦，聚少离多，什么时候累了，只要你回头望望，你会发现，爸爸一直在你身后看着你，虽然可能还是沉默的，不会多说什么话，但会做好你小时候最爱吃的松鼠鳜鱼，等你回家！

爱你的老爸

164

母亲的
嘱咐

淳儿，你从十岁开始就在北京打拼，这么多年了，付出了很多很多，现在也取得了一些成绩，我从心底为你感到高兴，作为你的妈妈，我很自豪。

人生的道路还有很长，我希望你在未来的道路上，低调做人，热情做事。

作为妈妈来说很理解你现在以事业为重，关于个人的事情，还是顺其自然吧，妈妈希望你能生活得快乐，能有一个美满的未来！

爱你的妈妈